Астало Гарсия

Укрепление лидерства молодежи в предотвращении насилия в Мексике

Астало Гарсия

Укрепление лидерства молодежи в предотвращении насилия в Мексике

Гендер как средство повышения качества жизни в Коауиле и Дуранго, регионе на севере Мексики

ScienciaScripts

Imprint

Any brand names and product names mentioned in this book are subject to trademark, brand or patent protection and are trademarks or registered trademarks of their respective holders. The use of brand names, product names, common names, trade names, product descriptions etc. even without a particular marking in this work is in no way to be construed to mean that such names may be regarded as unrestricted in respect of trademark and brand protection legislation and could thus be used by anyone.

Cover image: www.ingimage.com

This book is a translation from the original published under ISBN 978-3-330-32649-1.

Publisher:
Sciencia Scripts
is a trademark of
Dodo Books Indian Ocean Ltd. and OmniScriptum S.R.L publishing group

120 High Road, East Finchley, London, N2 9ED, United Kingdom
Str. Armeneasca 28/1, office 1, Chisinau MD-2012, Republic of Moldova, Europe
Printed at: see last page
ISBN: 978-620-7-39345-9

Содержание

"...Никто не рождается хорошим гражданином, ни одна нация не рождается демократией. Скорее, и то, и другое - процессы, которые продолжают развиваться в течение всей жизни. Молодые люди должны быть включены в этот процесс с самого рождения. Общество, которое отрезает себя от молодежи, обрывает свою линию жизни, оно обречено истекать кровью".

*Кофи Анан Генеральный секретарь Организации
Объединенных Наций (2005)*

Аннотация

Предлагаемая работа с детьми и молодежью является частью пятнадцатилетнего опыта работы с мужчинами, применяющими насилие и посещающими группы размышления, были установлены отцовские программы. С 2006 года географические, политические и экономические условия, значительно повлияли на регион, что привело к насилию, как появление городского насилия и преступности организованы с установлением состояния беспомощности, страха, незащищенности и недоверия населения. В 2007 году права человека, особенно женщин, были нарушены, женские приюты для жертв насилия были закрыты, а ресурсы, предназначенные для женщин, были изъяты и использованы не по назначению.

С 2009 по 2012 год считается переходным периодом в жизни группы New Men ofLa Laguna, отмеченным местными и национальными контекстуальными сценариями, которые требовали более глубокого осмысления того, что было сделано, систематизации опыта, который мог бы стать вкладом в разработку новых стратегий. Данное предложение актуально в том плане, что оно призвано способствовать поиску альтернатив в профилактике насилия и преступности, особенно насилия на гендерной почве, стремится к развитию лидерства, отличного от того, которое предлагает патриархальная культура, ориентированная на мужчин и взрослых, способствует повышению роли девочек и женщин в осуществлении их прав.

Защита детей предполагает распознавание признаков физического, сексуального или эмоционального насилия или пренебрежения и принятие соответствующих мер. *Охрана детей* предполагает обеспечение безопасности детей и подростков от гораздо более широкого спектра потенциального вреда и предполагает превентивные действия, а не просто реакцию. Таким образом, важным аспектом проекта является его нацеленность на действия, в частности на поощрение детей и подростков к участию в действиях по достижению социальной справедливости. Участие молодежи, девочек и мальчиков в жизни общества в целом означает процесс совместного принятия решений, которые влияют на жизнь человека и общества, в котором он живет. Это средство, с помощью которого строится демократия, и стандарт, по которому следует оценивать демократические государства. *Участие* - это фундаментальное право гражданства.

Наш подход помогает детям и подросткам развивать новые навыки и способности, которые позволяют им перейти от размышлений и анализа к поиску решений и планированию совместных действий в сообществе для противостояния и изменения сложной ситуации, связанной с насилием и уязвимостью. Таким образом, они получают возможность взять на себя активную роль, добиваясь перемен в своих общинах.

Центральным элементом этой программы является сеть молодых активистов, работающих в сообществах и занимающихся вопросами образования, которые прошли обучение и получили полномочия (*Promotores* и *Promotoras* на испанском языке). Это молодые люди, как правило, в возрасте от 12 до 18 лет, которые благодаря участию в мероприятиях "Коллектива новых людей" получают возможность взять на себя роль лидера в различных сферах участия в жизни своих сообществ, работая с группами детей младшего возраста над целым рядом неформальных образовательных мероприятий. В настоящее время это молодежный уличный театр, кемпинг, видеофорумы.

Ключевые слова: лидерство, участие, методология "от ребенка к ребенку", молодежь, гендер, качество жизни, профилактика, насилие.

Предисловие

Важность решения проблемы молодежи из группы риска обусловлена уровнем насилия в стране, особенно в этом регионе. В данном предложении предлагается работа с детьми и молодежью региона Лагуна и мужчинами, которые посещают программу по борьбе с домашним насилием, с тем чтобы они приняли и достигли роли протагониста в развитии своих сообществ. Эта панорама, к счастью, также способствует необходимости поиска альянсов и связей международных отношений, которые позволили учиться и получать инструменты для укрепления Коллектива новых мужчин Ла-Лагуны и его членов.
В 2009 году были визуализированы возможности совместной работы, чтобы предложить альтернативы, способствующие сохранению права граждан на качественную жизнь, свободную от насилия.

Работа в рамках интервенционных программ с мужчинами и опыт работы с молодежью в регионе были подкреплены новым и разнообразным опытом работы за пределами страны, например, в Никарагуа, в Центральной Америке, по вопросам ВИЧ, СПИДа, прав человека и сексуального разнообразия, с различными группами населения, полицией, военными, религиозными группами, выходцами из Африки и т.д.

Так, предложение *"Укрепление лидерства молодежи в предотвращении насилия, гендерных проблем как средство повышения качества жизни в Коауиле и Дуранго, регионе на севере Мексики"* представляет собой сборник опыта работы с девочками, мальчиками и молодыми людьми по укреплению их лидерства и формированию гражданственности через содействие *участию* и осуществлению их *прав, имея в* качестве сквозной оси *справедливость гендерных* и *маскулинных аспектов*.

Эта работа вдохновлена опытом работы автора в качестве специалиста по маскулинности в двух исследовательских проектах в Никарагуа, Центральная Америка, проводившихся с 2009 по 2013 год.

Благодарности

Контексты, сценарии и времена, в которых мне посчастливилось участвовать, были разными и непохожими друг на друга, как и группы людей, которые на протяжении более чем полутора десятилетий осуществляли этот опыт.
Один из тех исторических моментов, которые отметили мою личную, семейную, социальную и профессиональную жизнь, - это период с 2006 по 2013 год, характеризующийся социальной, экономической и политической нестабильностью в Мексике, моей стране, а также в регионе и городе, где насилие и преступность были постоянными в то время, и именно в этом сценарии некоторые женщины и девушки, некоторые мужчины, молодые люди и дети оказали мне поддержку в развитии моей работы в критические моменты. Среди этих людей - моя жена Эльвия Гарсия, моя дочь Эльвия Паола, мои дети Эсли и Рикардо, которым приходилось терпеть мои частые и длительные отлучки, но которые всегда разделяли мои мечты.
Глория Иоланда Медина, Мария Елена Кальдерон, Лус Елена Мартинес, Элида Баутиста, Росарио (Харито) Альдаба, Евангелина Веласкес, Сандра Флорес, Патрисия Рувалькаба, Росарио Варела, Марина Арвизу, Марта Роман, Мария де ла Пас Идунате, все женщины - друзья и коллеги беженцев, а также группы размышлений для женщин и их детей, которые страдают от крайнего насилия и подвергают свою жизнь опасности, и заботятся об уязвимых молодых людях.

Хесус Боррего, Серхио Армандо Гарза, Габриэль Пена, Франсиско Бланко, Луис Домингес из Группы мужского поведения Коллектива новых мужчин Ла-Лагуны, которые поверили в проект с того момента, как пришли в поисках поддержки в борьбе с собственным поведением, связанным с насилием, и которые взяли на себя обязательство изменить ситуацию, выйдя за рамки программ помощи.

Эдуардо Льендро, Франсиско Сервантес, Роберто Гарда, из Colectivo de

Hombres por Relaciones Igualitarias (CORIAC), Мексика, и Антонио Рамирес, из Центра по искоренению мужского внутрисемейного насилия, Сан-Франциско, Калифорния, США.

Ларри Дж. Мадригал, Вальберто Техеда, Рутилио Дельгадо, из Эквиноччио, Методологическая школа маскулинидад, Сальвадор, Центральная Америка.

Мария Хэмлин, Ана Кирос, Роза Мария Тихерино, Феликс Альберто Салинас, Кармен Боун, Илеана Закариас, Дарлинг Гонсалес, Хосе Морага, члены руководства и технической группы Центра информации и услуг по оказанию помощи в области здравоохранения (CISAS) в Никарагуа, Центральная Америка.

Патрисио Краншоу, Progressio в Лондоне, и Дуглас Мендоза из Сети мужественности Никарагуа, Джон Байрон из Группы мужественности в Колумбии и Хариш Садани из организации "Мужчины против насилия и жестокости" (MAVA) в Нью-Дели, Индия.

Ему я обязан своим первым ученичеством и тем, что он дал мне возможность осознать собственное насилие и поделиться своими методиками работы с другими мужчинами.

Отдельное спасибо всем девушкам, юношам, молодым людям и их семьям, которые с энтузиазмом участвовали в проектах, объединяющих этот опыт, включая мужчин, которые посещают программы по борьбе с насилием в нашем коллективе.

Всем моя глубочайшая благодарность за доверие, знания, любовь и поддержку в стремлении к лучшей, более справедливой и здоровой жизни, особенно для девочек и женщин в нашей жизни.

Определения

(Данный глоссарий призван служить руководством при чтении отчета, однако, пожалуйста, обратите внимание, что представленные определения являются динамичными и могут быть изменены).

Агентство

Способность делать осмысленный выбор и действовать в соответствии с ним.

Пространства, доброжелательные к детям - безопасное место, где дети могут общаться со сверстниками вне дома и получать прямую психосоциальную поддержку.

Гражданское общество - граждане или группы, участвующие в жизни общества вне официальных государственных учреждений. Это могут быть неправительственные организации (НПО), организации в местной и общественной жизни, профсоюзные организации и бизнес-ассоциации.

Состояние и положение - Состояние относится к нашему материальному положению и повседневной жизни. Обычно это включает в себя доступ к основным ресурсам, таким как кров, пища и защита. Положение - это наш социальный статус и ценность, которую общество придает нам. Сюда входит наша способность контролировать ресурсы и принимать решения, влияющие на нашу жизнь.

Принятие решений - способность человека участвовать в процессе принятия решений, влияющих на его жизнь.

Расширение прав и возможностей - Власть - это способность определять свою жизнь и свое окружение.

Отсутствие власти - один из главных барьеров, мешающих девочкам и женщинам реализовать свои права и вырваться из порочного круга бедности. Это можно преодолеть с помощью стратегии расширения прав и возможностей. Расширение прав и возможностей на основе гендерного подхода включает в себя создание активов девочек (социальных, экономических, политических и личных), укрепление их способности делать выбор в отношении своего будущего, а также развитие у девочек чувства собственного достоинства и веры в то, что они способны контролировать свою жизнь.

Исключение - определяется как процесс, в результате которого отдельные лица или группы частично или полностью лишены прав, возможностей и ресурсов, доступных другим людям в обществе, в котором они живут. Термин "исключение" используется в качестве общего термина, который охватывает смежные термины: маргинализация, риск исключения, дискриминация, неравенство и другие.

Дискриминация - это несправедливое или предвзятое отношение к людям на основании их идентичности. Идентичность людей формируется под влиянием их социального окружения, многочисленных аспектов изоляции и уязвимости, с которой они сталкиваются.

Исключение и уязвимость - Исключение может повысить уязвимость человека, снизив его способность преодолевать потрясения и невзгоды. Уязвимость, в свою очередь, может создавать и усиливать изоляцию. И то, и другое снижает жизненные возможности и может привести к бедности.

Гендер - понятие "гендер" относится к нормам, ожиданиям и убеждениям относительно ролей, отношений и ценностей, приписываемых девочкам и мальчикам, женщинам и мужчинам. Эти нормы социально обусловлены, они не являются неизменными или биологически детерминированными. Они меняются с течением времени. Их усваивают в семьях и среди друзей, в школах и общинах, а также в средствах массовой информации, правительстве и религиозных организациях.

Гендерное равенство - Гендерное равенство означает справедливость по отношению к женщинам и мужчинам, девочкам и мальчикам. Для обеспечения справедливости принимаются меры по устранению социальной или исторической дискриминации и неблагоприятных условий, с которыми сталкиваются девочки по сравнению с мальчиками. Подход, основанный на гендерном равенстве, обеспечивает равный доступ к ресурсам и благам развития, а также контроль над ними с помощью целенаправленных мер. Стипендии для девочек - один из примеров подхода, основанного на равенстве, который способствует тому, чтобы все дети, как мальчики, так и девочки, посещали школу и в равной степени пользовались возможностями образования. Повышение гендерной справедливости - это лишь одна часть стратегии, способствующей достижению гендерного равенства.

Гендерное равенство - Гендерное равенство означает, что женщины и мужчины, девочки и мальчики занимают одинаковое положение в обществе; имеют одинаковые права на все права человека; пользуются одинаковым уважением в обществе; могут использовать одинаковые возможности для выбора жизненного пути; обладают одинаковой властью, чтобы определять результаты этого пути. Гендерное равенство не означает, что женщины и мужчины, девочки и мальчики одинаковы. У женщин и мужчин, девочек и мальчиков разные, но связанные между собой потребности и приоритеты, они сталкиваются с разными ограничениями и пользуются разными возможностями.

Гендерная справедливость - Концепция гендерной справедливости подчеркивает роль носителей обязанностей по защите прав девочек и мальчиков. Гендерная справедливость - это прекращение неравенства между женщинами и мужчинами, которое приводит к подчинению женщин и девочек мужчинам и мальчикам. Она подразумевает, что девочки и мальчики, мужчины и женщины имеют равный доступ к ресурсам и контроль над ними, возможность делать выбор в своей жизни, а также доступ к средствам для устранения неравенства в случае необходимости. Приверженность гендерной справедливости означает позицию против гендерной дискриминации, отчуждения и гендерного насилия. Она сосредоточена на ответственности за соблюдение, защиту и реализацию прав человека, особенно девочек и женщин.

Гендерная дискриминация - Гендерная дискриминация описывает ситуацию, в которой к людям относятся по-разному только потому, что они мужчины или женщины, а не на основе их индивидуальных навыков или способностей. Например, социальная изоляция, невозможность участвовать в процессах принятия решений, ограниченный доступ к услугам и ресурсам и контроль над ними - это распространенные результаты дискриминации. Когда такая дискриминация является частью социального порядка, ее называют системной гендерной дискриминацией. Например, в некоторых сообществах семьи обычно решают дать высшее образование своим сыновьям, а дочерей оставляют дома для выполнения домашней работы. Системная дискриминация имеет социальные и политические корни и требует решения на разных уровнях программирования.

Гендерные стереотипы - Гендерные стереотипы - это социально обусловленные и не подвергаемые сомнению убеждения о различных характеристиках, ролях и отношениях между женщинами и мужчинами, которые считаются истинными и неизменными. Гендерные стереотипы воспроизводятся и укрепляются благодаря таким процессам, как образование и воспитание девочек и мальчиков, а также влиянию средств массовой информации. Во многих обществах девочек учат быть отзывчивыми, эмоциональными, покорными и нерешительными, а мальчиков - напористыми, бесстрашными и независимыми.

Гендерное насилие - Гендерное насилие - это физическое, сексуальное, психологическое и экономическое насилие, которому подвергается человек из-за того, что он является

6

мужчины или женщины. Чаще всего объектами гендерного насилия становятся девочки и женщины, но оно также затрагивает мальчиков и мужчин, особенно тех, кто не соответствует доминирующим мужским стереотипам поведения или внешности. Гендерное насилие может относиться как к преступным актам агрессии, совершаемым отдельными лицами, так и к социально санкционированному насилию, которое может совершаться даже государственными органами. К ним относятся такие нарушения прав человека, как домашнее насилие, торговля девочками или мальчиками, обрезание женских половых органов или насилие в отношении мужчин, имеющих половые контакты с мужчинами.

Инклюзия - чувство принадлежности, ощущение того, что человеку рады в каком-то месте, не чувствуя при этом угрозы или дискомфорта.

Участие - вовлечение детей и подростков в принятие индивидуальных решений, касающихся их собственной жизни, а также коллективное участие в решении вопросов, которые их касаются.

Общественное пространство - пространства, открытые для общественного пользования. Сюда входят улицы, зоны отдыха, парки, общественные площади и т. д.

Маскулинность - говорит о том, что существует множество социально обусловленных определений понятия "мужчина", которые могут меняться с течением времени и от места к месту. Этот термин относится к воспринятым представлениям и идеалам о том, как мужчины должны или должны вести себя в определенной обстановке.

Безопасность - свобода от возникновения или риска травм, опасностей или потерь.

Социальная среда - использование пространства сообществом, совместные социальные практики в районе, различные группы людей, использующие пространство.

Социальные нормы - неформальные правила, разделение гендерных ролей и убеждения, взгляды и поведение, которые регулируют поведение в обществе, предписывают, какое поведение ожидается и какое не допускается в определенных обстоятельствах, влияют на убеждения о том, что ожидается от поведения девочек, например.

Социальные группы - два или более человека, которые взаимодействуют друг с другом, обладают схожими характеристиками и чувством единства. Социальные группы могут иметь различные формы и размеры; люди могут одновременно принадлежать к нескольким социальным группам. Принадлежность к определенным социальным группам часто определяет уровень исключения и неравенства, с которыми сталкиваются люди.

Молодые люди - девушка или юноша, находящиеся на переходном этапе между детством и совершеннолетием, определенным законом (от 12 до 18 лет).

Юридическое определение совершеннолетия варьируется в зависимости от страны, но обычно составляет от 17 до 21 года. В данном отчете под девочками и мальчиками-подростками понимаются лица в возрасте от 12 до 18 лет, включенные в выборку исследования.

Насилие - Всемирная организация здравоохранения (ВОЗ) определяет насилие как: "Преднамеренное применение физической силы или власти, угрожаемое или фактическое, против себя, другого человека, группы или сообщества, которое приводит или с большой вероятностью может привести к травме, смерти, психологическому ущербу, неправильному развитию или лишениям".

Насилие в отношении женщин и девочек - любой акт гендерного насилия, который приводит или может привести к физическому, сексуальному или психологическому ущербу или страданиям для женщин, включая угрозы совершения таких действий, принуждение или произвольное лишение свободы, будь то в общественной или частной жизни.

Введение

Гендерная дискриминация и гендерные стереотипы являются нарушением прав человека и способствуют возникновению циклов бедности, которые могут затрагивать общины на протяжении многих поколений. Девочки, которым не разрешают ходить в школу или которых выдают замуж еще в детстве, сталкиваются с особыми проблемами, которые ставят их в невыгодное положение, чтобы в будущем они не

способны эффективно отстаивать права своих собственных дочерей и сыновей. Гендерные стереотипы, поощряющие доминирующие черты мужественности, также влияют на способность мальчиков развивать здоровые отношения с девочками и ограничивают их возможности стать заботливыми партнерами и отцами. Например, мальчики, которых воспитывают агрессивными и чувствующими свое превосходство над женщинами, рискуют вырасти агрессивными и жестокими. В нашей стране, и особенно в регионе Ла-Лагуна на севере Мексики, это состояние девочек, мальчиков и молодых людей в основном нарушается под воздействием наркоторговли и преступности.

Коллектив новых мужчин Лагуны - это некоммерческая организация гражданского общества, созданная в городе Торреон, штат Коауила, семнадцать лет назад, имеющая юридические документы, позволяющие ей функционировать, работать с мужчинами, которые применяют насилие в отношении своих партнерш, и принимать решения о его прекращении. Коллектив новых мужчин Ла-Лагуны также стремится оказать техническую помощь в укреплении потенциала молодых женщин и мужчин в области пропаганды и коммуникации для проведения информационных кампаний против стигмы, дискриминации и насилия; использовать возможности самих молодых людей в решении проблем, которые они выявляют, и проводить пропаганду, чтобы включить их в социальную и общественную повестку дня; повысить осведомленность граждан, чтобы способствовать созданию климата терпимости, мира и лучшего качества жизни.

Мы понимаем, что роль молодежи необходима для достижения развития и обеспечения социального равенства. Общество, в котором молодые женщины и мужчины наделены правами, имеют лучшие условия жизни и участвуют в принятии решений, имеет больше возможностей для достижения своих целей.

Цель этого документа - показать ситуацию с молодыми людьми из группы риска в регионе Лагуна (Коауила-Дуранго) и предложить альтернативные варианты решения этой проблемы.

Важность проблемы молодежи группы риска обусловлена уровнем насилия в стране, особенно в этом регионе, и тем, что "...это уничтожает большую часть человеческого капитала, который система образования создает ежедневно..." (Londono, Gaviria and Guerrero, 2000).

Это также обусловлено тем, что до 2020 года в регионе будет проживать самый большой контингент молодежи за всю его историю, и что социальная сплоченность латиноамериканских обществ зависит от способности интегрировать молодежь в качестве центрального социального актора, а не маргинального (Briseno- Leon 2002).

Данное предложение предполагает работу с детьми и подростками из региона Ла-Лагуна и участие мужчин в программе, направленной на борьбу с насилием над ними, с целью предотвращения гендерного насилия, повышения качества жизни и принятия на себя ведущей роли в развитии своих сообществ. Исследуется, каким образом участие детей приобретает смысл в ситуациях конфликта и постконфликтного миростроительства. В частности, исследуется, как деятельность под руководством детей и укрепление потенциала девочек и мальчиков могут повысить роль детей как проводников мира.

Для того чтобы молодые люди могли стать проводниками перемен и развития в Мексике и, в частности, в регионе Ла-Лагуна, необходимо обязательно проводить тренинги и обучение молодежи по выявлению и изменению факторов риска и защиты, необходимых для предотвращения городского насилия, с которым сегодня сталкиваются люди, в том числе и молодежь.

Права ребенка стали синонимом участия, как устойчивого права всех детей во всех сферах их жизни. Чтобы достичь этой цели, нам необходимо вернуться к Конвенции о правах ребенка и тщательно проанализировать права, которые она воплощает, и конкретные обязательства, которые она налагает на правительства. В соответствии со статьей 12 Конвенции ООН о правах ребенка (UNCRC) 1990 г.

Дети всех возрастов и способностей, включая самых маргинализированных, должны иметь право голоса в любом касающемся их вопросе. Оно должно быть осознанным и добровольным. (Programa de Proteccion y Garantia de Derechos Humanos de Ninos y Adolescentes y Sistema Estatal de Garantia -2017) (Derechos Humanos Ninos y Adolescentes en Coahuila, 2014-2017) (Ley de los Derechos de las Ninas, Ninos y Adolescentes del Estado de Durango -2015), Programa para la Igualdad y No Discriminacion. Coahuila de Zaragoza 2014 2017 Это некоторые из нормативно-правовых актов, которые были приняты во внимание при подготовке данного документа.

Совместное производство состояния общественной безопасности - процесс, позволяющий всем государственным и муниципальным учреждениям, а также институтам гражданского общества, частной промышленности и жителям ответственно участвовать в строительстве более безопасного города, более эффективного и скоординированного, сталкивающегося с такими проблемами безопасности, как банды, насилие в школах, районы, подвергающиеся стигматизации или риску уязвимых молодых людей, и т.д. (Carrion 2008, Falu 2009).

Совместное производство основано на том, что за безопасность отвечают все, а не только система уголовного правосудия. Это предположение вытекает из множества причин преступности и антисоциального поведения и необходимости скоординированных и интегрированных ответных мер со стороны нескольких секторов (Moser, 2004).

Роль молодых людей в этой инициативе - не просто рецепторы, а игроки, организаторы, художники, промоутеры и мультипликаторы, то есть молодежь как возрастная группа, которая действительно влияет на развитие сообщества. Они обеспечивают работу в своих сообществах и будут вести переговоры с другими учреждениями и организациями. Роль группы "Новые мужчины" и местного аналога - "Живые женщины" - коллектива женщин, будет заключаться в координации, мониторинге и распределении обязанностей по различным направлениям молодежной политики в рамках процесса формирования.

Предложение предусматривает пять рабочих линий:

- Обзор литературы по исследованиям и политике в отношении детей и подростков

участие людей.

- Навыки, знания и опыт Коллектива новых мужчин Ла-Лагуны и Группы мужественности, которые внесли свой вклад в стратегическое развитие участия в организации и создали ряд ресурсов, способствующих участию детей и молодых людей.

- Мнения мужчин и менеджеров, участвующих в работе New Men и других гражданских организаций.

- Мнения сыновей и дочерей мужчин, посещающих группы размышлений в коллективе "Новые мужчины", которые имели опыт домашнего насилия и/или преступной деятельности.

- Тематические исследования, демонстрирующие развитие участия молодежи в организациях социальной помощи в качестве предшественника, с

учетом двух проектов в Северной Мексике и двух проектов в Никарагуа,

Центро Америка

Этот проект предназначен для следующих целевых групп:

3 Организации гражданского общества из каждого из четырех городов - Торреона и Матамороса в Коауиле, Гомес-Паласио и Лердо в Дуранго, правозащитники, представители молодежных организаций, занимающихся вопросами борьбы с насилием.

200 студентов университетов и 200 молодых людей из трущоб в выбранных полигонах, наиболее подверженных насилию и преступности, с которыми будет проведена информационно-пропагандистская кампания с целью предотвращения насилия и снижения дискриминации по возрасту, полу, социальному статусу и т.д.

50 молодых женщин и мужчин в возрасте от 12 до 18 лет прошли обучение непосредственно в рамках проекта. Прямыми бенефициарами стали (Целевая группа).

Непосредственные бенефициары этого проекта публично выразили свои опасения местным властям и сообществу, глубоко обеспокоенные высокой степенью уязвимости и отсутствием защиты, которые вызваны отсутствием институционального потенциала и недостатками правовой системы, способной удовлетворить потребности молодых людей, страхом и чувством незащищенности из-за насилия и преступности.

Отчуждение и социальная дезорганизация - факторы, которые следует учитывать при объяснении городского насилия в городах, пространственном поле, где сходятся экономическое, политическое и социальное насилие (Vilalta 2010; Vilalta 2012). Регион Ла-Лагуна, расположенный в штатах Коауила и Дуранго, пересекается с этими характеристиками.

Разделы этой книги посвящены проблемам городского насилия в регионе: 1) Проблема, контекст, предложение работы, теоретическая основа и используемая методология. 2) Модели работы с девочками, мальчиками, молодежью и мужчинами. 3) Процесс, результаты и выводы по итогам опыта.

ГЛАВА 1

Проблема, контекст, предложение работы, теоретическая основа и используемая методология.

1.1 Фон

В 1998 году в результате усилий и размышлений различных мужчин и при поддержке и поощрении многих женщин в регионе Лагуна в штатах Коауила и Дуранго, северная Мексика, было создано альтернативное движение, последовательное и поддерживающее новые изменения, которые осуществляют женщины, и чувствительное к серьезным проблемам домашнего насилия, сексуального и гендерного злоупотребления властью, совершаемого в основном мужчинами, в основном в отношении женщин.

Образовательные и рефлексивные группы для мужчин были сформированы с учетом гендерной перспективы, предполагающей разработку методик самокритики проактивных форм злоупотребления властью путем контроля и домена, которые исторически мужчины склонны практиковать в своих отношениях. Такие группы должны способствовать развитию повседневной культуры уважения, интимности и душевного равновесия, продвигать демократию в интимной и социальной жизни мужчин и женщин (Garcia 2007).

В начале 2004 года был создан первый семинар по отцовству "Отцовство после насилия" ("*Paternar despues de la Violencia*" на испанском языке) для мужчин, подвергающихся насилию со стороны своих партнерш, которые постепенно воспитывают своих детей после некоторого изменения их агрессивного поведения.

1.2 Проблема

Работа с детьми и молодежью является частью пятнадцатилетнего опыта, в работе с мужчинами, применяющими насилие, понятия *"молодой"* и *"развитие"* подразумеваются в их собственных жизненных историях мужчин, посещающих группы размышлений о насилии и мужественности, как часть их идентичности и гендерных ролей, но также и реляционно через их отношения отцовства, когда они говорят о своих детских речах. Начиная с 2006 года, географические, политические и экономические условия, значительно повлияли на регион, что привело к насилию как появлению городского насилия и преступности, организованной с установкой на состояние беспомощности, страха, незащищенности и недоверия населения.

2007 год, нарушаются права человека, особенно женщин, закрываются женские приюты для жертв жестокого насилия, а ресурсы, предназначенные для женщин, изымаются и используются не по назначению.

1.3 Контекст

Повестка дня на период до 2030 года для устойчивого развития (2015) сделала "мирные, справедливые и инклюзивные общества" одним из глобальных приоритетов, включив мир в качестве междисциплинарного вопроса и отдельной цели. Включение Цели 16 дает возможность устранить препятствия на пути к миру, такие как насилие, отсутствие доступа к правосудию, незаконные финансовые потоки и потоки оружия, а также политическое отчуждение.

На глобальном уровне начались дискуссии о том, как доноры, многосторонние агентства, государства-члены и неправительственные организации (НПО) могут способствовать прогрессу в достижении Цели 16 с помощью политики и программ. Хотя признается необходимость применения гендерной перспективы во всех усилиях по достижению Цели 16, вопрос о том, в какой форме это будет сделано, остается практически неисследованным. Во время конфликта многие дети оказались разлучены со своими родителями из-за перемещения, бедности или смерти их опекунов. Несопровождаемые и разлученные дети подвергаются высокому риску жестокого обращения, эксплуатации и сексуального насилия в отсутствие родительской заботы. С 2013 года многие девочки и мальчики были похищены или насильно завербованы в вооруженные группы в качестве бойцов, шпионов, поваров или секс-рабынь.
По оценкам Юнисеф, до 10 000 детей были связаны с вооруженными группами. Многие дети были свидетелями того, как их дома и школы разрушались, а их друзья и родители подвергались нападениям со стороны вооруженных групп.

В 2007 году Коллективу новых мужчин пришлось столкнуться с новыми структурными и системными изменениями в стране, городским насилием, преступностью и деятельностью, связанной с системой наркоторговли. Эта ситуация влияет на индивидуальные процессы мужчин, посещающих программы в нашем регионе, отражаясь в дезертирстве, семейном насилии, беспорядках, незащищенности, безработице, страхе, недоверии и т.д.(Seidler 2007).
В частности, домашнее насилие и насилие в отношении женщин остаются незамеченными, однако в средствах массовой информации больше внимания уделяется другим проявлениям насилия, связанным с организованной преступностью и наркоторговлей.

Благодаря своему географическому положению, регион Ла-Лагуна является вынужденным проходом к пограничным городам в штатах Чиуауа и Коауила на границе с Соединенными Штатами Америки и, следовательно, одним из самых

13

стратегических пунктов для торговли и сбыта наркотиков. По этой причине борьба за эту территорию стала ожесточенной в 2009-2013 годах.

Карта региона Ла-Лагуна в Мексике

Ла-Лагуна, как принято называть этот процветающий регион, состоит из 6 муниципалитетов, один из которых относится к штату Дуранго, а 5 - к штату Коауила. Население в основном сосредоточено в прилегающих городах. Метрополия Ла-Лагуна или Торреон - это метрополия, образовавшаяся в результате слияния городов Торреон и Матаморос штата Коауила, а также городов Гомес-Паласио и Лердо штата Дуранго.
Согласно результатам переписи населения, проведенной ИНЕГИ в 2010 году (Censo de Poblacion y Vivienda (2010). В этом районе проживало около 1 215 817 человек на площади 5 078,9 км^2 .

В этом регионе развита металло-механическая и обрабатывающая промышленность, есть крупные сети предприятий, занимающихся производством различных товаров из Ла-Лагуны и предоставлением государственных и частных услуг.

Жители этой части страны живут в страхе из-за спора за территорию между двумя главными картелями - "Зетас" и "Картель Синалоа". Образ жизни в этом регионе изменился.
Некоторые службы по уходу за женщинами, которые подвергаются насилию со стороны своих партнеров, в том числе два приюта для женщин и их детей, переживших крайнее насилие, были закрыты, один из них заняли военные, мотивируя это необходимостью принять меры в связи с ростом насилия в районе и активизацией деятельности, связанной с организованной преступностью.
Страх, боязнь и чувство незащищенности постепенно поселились как в мужчинах, посещающих программу, так и в населении в целом.

Что касается проблемы, связанной с системой наркоторговли, то уже в 2004 и 2005 годах наша группа "Новые мужчины" имела опыт двухлетней работы в Центре социальной реадаптации с мужчинами, отбывающими десятилетний срок за преступления против здоровья, с мужчинами, связанными с деятельностью, связанной с наркоторговлей, установив связь с мужчинами из организации "Мужчины, отказавшиеся от насилия" (PHRSV) путем организации программы для мужчин внутри тюрьмы (Garcia, 2008).

2010 год, год, когда ситуация с насилием и преступностью, связанная с системой наркоторговли, усложнилась в нашей стране и в нашем регионе, начал сжиматься в конвульсиях. Преступления участились, коллективные смерти, различные сценарии, столкновения между элементами общественной и военной безопасности, боевики из различных картелей, массовые увольнения полицейских, высокопоставленных руководителей, коррупция, обвиняемые чиновники, похищения и повышенная бдительность на улицах днем и ночью со стороны муниципальных, государственных и местных полицейских сил, федерального и военного уровней. Пострадали контекст, распорядок, график, отношения населения, исчезли места, которые раньше служили для формирования гражданственности, социализации жителей, закрылись места отдыха для молодежи. Возникли всевозможные нарушения: нарушение прав человека, отмывание денег, похищения предпринимателей, право на жизнь без насилия, люди были вынуждены оставить учебу, работу, даже место жительства.

С учетом этих сценариев в 2008 году, работая с мужчинами, были перестроены программы, включающие детей и молодежь, усиленные за счет использования рекреационных методик народного образования. На протяжении всей игры между группами мальчиков и девочек исследуются различные виды лидерства, выявляются их собственные и чужие качества. Тщательный мониторинг важен для фасилитатора, наставников и молодых участников.

1.4 Опции

Объединение с сетями и группами в Центральной и Южной Америке, США и Европе позволило New Men переосмыслить свои действия как группы, социальные обязательства и вызовы новым реалиям.

В связи с этими ожиданиями New Men призвали принять участие в совместных проектах, контрагенты которых знают его историю и, соответственно, возможности для совместной работы, чтобы предложить альтернативы для сохранения права граждан на качественную жизнь, свободную от насилия.

Работа в рамках интервенционных программ с мужчинами и опыт работы с молодежью в регионе позволили перейти к другим направлениям работы за пределами страны, таким как ВИЧ и СПИД, права человека и сексуальное разнообразие, работа с различными группами населения, полицией, военными, религиозными группами, выходцами из Африки и т.д.

В 2009-2013 годах у меня была прекрасная возможность обменяться опытом в качестве специалиста по маскулинности в Центральной Америке, в Никарагуа я принимала участие в двух проектах: *"Продвижение и защита ЗОЖ людей, живущих с ВИЧ/СПИДом, и профилактика на основе принципа справедливости" (DCI-NSAPVD/2008/168-234)* и *"Содействие профилактике ВИЧ/СПИДа в 31 зоне вмешательства в 23 муниципалитетах Никарагуа с точки зрения концепции поколений, (DCI-NSAPVD/2008/168- 234)",* финансируемые Европейским союзом и лондонской НПО Progressio, испанским агентством по международному сотрудничеству Action Aid и никарагуанской НПО Center for Information and Health Advisory Services (CISAS). Этот опыт послужил основой для создания модели работы с мальчиками и мужчинами по гендерно чувствительным темам.

1.5 Решения

Период с 2009 по 2013 год считается переходным периодом в жизни группы New Men из Ла-Лагуны в Северной Мексике, отмеченным местными и национальными контекстуальными сценариями, которые требовали более глубокого осмысления того, что делается, систематизации опыта, который мог бы стать вкладом в разработку новых стратегий для ответа на новые вызовы, выраженные людьми, обеспокоенными условиями преступности, насилия и нарушения прав отдельных лиц и особенно наиболее уязвимых групп, таких как женщины, дети, молодые люди и группы сексуального разнообразия, этнические, религиозные и политические. Таким образом, "Новые люди" приняли вызов искать более формальные альтернативы для предотвращения насилия через вовлечение, защиту и участие девочек, мальчиков и молодых людей, которые наиболее уязвимы и страдают от криминального насилия.

Была разработана стратегия "Дружелюбные пространства", направленная на предоставление комплексных услуг по защите и обучению детей и подростков в условиях конфликта. Существует большая потребность в физически безопасных местах для игр, обучения и общения детей. Родители, дети и лидеры общин также заявили о необходимости того, чтобы девочки и мальчики могли играть за пределами своих домов, поскольку опасность вооруженных групп стала причиной социальной изоляции в общине.

1.6 Предложение

Глобальная цель проекта заключается в информировании и обучении девочек, мальчиков и молодых лидеров обоих полов из региона Ла-Лагуна и людей, работающих с молодежью, выявлению факторов риска в зонах конфликтов, сексистского и насильственного поведения на курсах, семинарах, дискуссиях и в лагерях с использованием таких игровых методов, как клоуны, марионетки, уличный театр, ролевые игры, игры, кинофорумы и т.д.

Это предложение включает пять рабочих линий, основанных на предложениях Полли Райт, Клэр Тернер, Дэниела Клэя и Хелен Миллс:

- ***Обзор литературы по исследованиям и политике, касающейся участия детей и молодежи.***

Был проведен библиографический обзор, в котором рассматривался системный подход к участию, чтобы повлиять на изменения или улучшения в своих услугах. Этот подход предполагает, что существует четыре составляющие развития услуг, которые необходимо рассмотреть: *Культура, Структура, Практика и Обзор.*
Как обстоят дела с *культурой* участия детей и молодежи в таком регионе, как Ла-Лагуна? Кто должен демонстрировать приверженность участию детей и молодежи? Разделяют ли ее взрослые, лица, принимающие решения, и сами дети?

Как планировать и развивать *структуры,* необходимые для того, чтобы дети и подростки могли стать активными участниками? Включая персонал, ресурсы, процессы принятия решений и планирования.

Какие степени партисипативной *практики позволяют* детям и молодым людям принимать в них участие? Является ли практика лидерства девочек, мальчиков и молодых людей хорошей стратегией для расширения прав и возможностей? Учитывают ли государственные и частные организации гендерный подход к потребностям девочек и женщин?

Существует ли в *обзоре* способ регистрации того, как дети и подростки активно участвовали в жизни общества и, что более важно, как участие помогло изменить их поведение или улучшить работу служб социального обеспечения? Что касается процесса мониторинга и оценки участия детей и молодежи?

- ***Навыки, знания и опыт Коллектива новых мужчин Ла-Лагуны и Группы маскулинности, которые внесли свой вклад в стратегическое развитие участия в организации и создали ряд ресурсов, способствующих участию детей и молодых людей.***

Процессов личностных изменений (индивидуальных), происходящих в мужских группах, недостаточно для построения гендерного равенства, решение прекратить насилие над женщинами и добиться этого означает частичное сомнение в маскулинности, переосмысление и отражение индивидуального опыта "быть мужчиной" и возможность придать новый смысл нашей жизни. Другое измерение концепции маскулинности - это маскулинность как структурно-идеологическая концепция, в которой заложена скрытая программа сексизма; социальные мандаты, назначение ролей для мужчин и женщин, основанные на биологических различиях.

Концепция маскулинности New Men's - это не только вопрос, связанный с конструированием мнения об идентичности мужчин, но она понимается как операционный инструмент для анализа реальности.

Это был трудный процесс, но еще более трудным было решение провести критический анализ новых реалий в регионе Ла-Лагуна. В 2006 году помощь группам по предотвращению насилия и маскулинности начала сокращаться, темы безработицы, экономических трудностей и напряженности в отношениях с родственниками были в комментариях тех, кто все еще посещал группы. Семейное насилие и насилие на гендерной почве стали незаметными в новостях и средствах массовой информации, а преступления и убийства были тем, что за ними следовало.

Постепенно страх был установлен, страх и чувство незащищенности как у мужчин, посещающих группы, так и у населения в целом. Коллектив новых мужчин Ла-Лагуны проводит семинар *"Отцовство после насилия", предназначенный* для тех мужчин, которые находятся в процессе изменения своего поведения, связанного с жестоким обращением и насилием по отношению к женам и детям, а также для участников проекта: *"Deconstruyendo el Sexismo entre los Jovenes: Una alternativa para Prevenir la Violencia de Genero"* был реализован.

Этот опыт способствовал поиску новых форм сосуществования с детьми, которые были молчаливыми свидетелями насилия в своих домах и общинах, поиску альтернатив для прекращения этих злоупотреблений, а также насилия по отношению к матерям этих детей и поддержки его в совместной ответственности с ними.

- ***Мнения мужчин и руководителей, участвующих в проекте "Новые люди" и других гражданских организациях***

   организации

- Незаконный оборот наркотиков и связанная с ним насильственная деятельность могут иметь разрушительные последствия для жизни детей. Они часто приводят к тому, что девочки и мальчики становятся сиротами, разлучаются со своими семьями, вербуются в вооруженные группы, подвергаются сексуальному насилию, становятся жертвами торговли людьми или погибают, как это часто бывает, от нескольких из этих причин одновременно.

- Девочки играют в новом, построенном мужчинами помещении для детей в Ла-Лагуне.

- В соответствии со статьей 12 Конвенции ООН о правах ребенка (UNCRC), "Коллектив новых мужчин Ла-Лагуны" считает, что дети всех возрастов и способностей, включая самых маргинализированных, должны иметь право голоса в любом касающемся их вопросе. Оно должно быть осознанным и добровольным. Мы считаем, что участие - это способ работы и важнейший принцип, который должен применяться во всех сферах - от дома до правительства, от местного до международного уровня.

- Как организация, мы пропагандируем участие как способ работы в наших программах для сообществ.

- Для того чтобы молодые люди могли выражать свое мнение по вопросам, которые их затрагивают (Статья 12), им нужна информация (Статья 17), и они должны иметь возможность собираться вместе с другими для обсуждения проблем (Статья 15). Без свободы выражения мнений и свободы мысли (Статьи 13 и 14).

- Во время чрезвычайной ситуации дети не только сталкиваются с новыми угрозами для защиты детей, но и усугубляют существующие проблемы, а механизмы и системы защиты детей могут быть подорваны или повреждены.

- Поэтому защита детей в чрезвычайных ситуациях является неотложной и жизненно важной задачей.

-Цели развития тысячелетия были приняты во внимание, они стали важной основой для развития, и в ряде областей был достигнут значительный прогресс. Для нашего случая,

Цель 3. Обеспечить здоровую жизнь и способствовать благополучию всех людей в любом возрасте.

Цель 4. Обеспечить инклюзивное и справедливое качественное образование и содействовать развитию возможностей обучения на протяжении всей жизни для всех.

Цель 5. Достижение гендерного равенства и расширение прав и возможностей всех женщин и девочек.

Цель 11. Сделать города и населенные пункты инклюзивными, безопасными, жизнестойкими и устойчивыми.

Цель 16. Поощрение мирных и инклюзивных обществ в интересах устойчивого развития, обеспечение доступа к правосудию для всех и создание эффективных, подотчетных и инклюзивных институтов на всех уровнях.

Мы также принимаем во внимание Делийскую декларацию: *Призыв к действиям в Дели* (2-й Глобальный симпозиум MenEngage 2014)

Привлекайте мужчин, молодежь и детей к тому, чтобы быть более справедливыми и отвергать все формы насилия, такие как насилие в отношении женщин, детские браки, принудительные браки, выбор пола по половому признаку и калечение гениталий.
^Поощрение мужчин, молодых людей и детей к тому, чтобы подвергать сомнению все проявления неравенства, включая самые структурные.

- *Мнения сыновей и дочерей мужчин, посещающих группы*

размышлений в

Коллектив новых мужчин, имевших опыт домашнего насилия и/или

преступной деятельности.

Столкнувшись с событиями преступлений и насилия, дети и подростки по-разному выражают свои переживания: мальчики говорят об отсутствии возможностей, соблазне легкой жизни, адреналине и подражании своим новым героям, о том, что им предстоит стать частью боязливой и уважаемой группы безнаказанных преступников. Но с другой стороны ссылаются на опыт жестокости и насилия в своей семье, брошенность и отсутствие любви. Некоторые молодые люди играют с идеей о том, что могут жить в роскоши несколько лет, невзирая на жестокий счет.
Вместо этого большинство девушек сообщили, что чувствуют себя небезопасно дома, в отношениях и на улице. Девушки сообщали, что не чувствуют себя в безопасности в общественном транспорте, при самостоятельных прогулках в общественных местах или нахождении в общественных местах после наступления темноты. Помимо угрозы и страха физического и сексуального насилия, они сообщили, что подвергаются словесным домогательствам со стороны мальчиков и мужчин на улице.

Что касается мужчин, то, по их словам, они боятся оставаться одни на улице, водить машину на закате или ночью, быть сбитыми с толку людьми, предположительно связанными с торговлей наркотиками, испытывать чувство незащищенности, отчаяния из-за безработицы, экономических трудностей и напряженности родственников - таковы комментарии тех, кто еще посещает группы в нашем коллективе.

- *Тематические исследования, демонстрирующие развитие участия молодежи в организациях социальной помощи в качестве предварительного условия, с учетом двух проектов в Северной Мексике и двух проектов в Никарагуа, Центральная Америка*

ПРЕДЫДУЩИЙ ОПЫТ

1) *Аффективное отцовство*

Серия семинаров *"Отцовство после насилия"* предназначена для тех мужчин, которые находятся в процессе изменения своего поведения, связанного с жестоким обращением и насилием. Поиск новых способов сосуществования с детьми, которые были молчаливыми свидетелями насилия в их домах, поиск альтернатив для прекращения этих злоупотреблений, а также насилия по отношению к матерям этих детей и поддержка его в совместной ответственности с ними.

2) *"Deconstruyendo el Sexismo entre los Jovenes: Альтернатива для предотвращения насилия над поколениями"*

Проект, посвященный интернализованному сексизму, присутствующему в схеме убеждений мужчин и женщин, сокрытию учебных программ и обусловливанию или угнетению мужчин. Первый начальный этап был проведен в октябре, ноябре и декабре 2006 года с участием молодых людей в возрасте от 16 до 20 лет и сотрудников организаций, работающих с молодежью в регионе Ла-Лагуна (Коауила-Дуранго).

В результате непосредственного опыта, полученного в Торреоне, штат Коауила, за последние десять лет с целью прекращения насилия над нашими женами, возникла необходимость поиска альтернатив профилактике, выявления некоторых моментов, которые могли бы объединить эту работу, гендер, стереотипы, роли, социальную обусловленность и сексизм. В качестве исследуемого контингента мы включили 119 молодых людей обоих полов и 120 человек из организаций, работающих с молодежью.

Изначально предполагалось включить в проект молодых людей, не охваченных формальной системой образования, но по соображениям экономии времени в проект были включены только те молодые люди, которые учатся в школах и университетах, воспользовавшись сотрудничеством преподавателей в распространении призыва.

3) "Продвижение и защита ЗОЖ людей, живущих с ВИЧ/СПИДом, и профилактика на основе принципа справедливости

Прогрессио, общественная организация из Лондона и Центр информации и услуг по оказанию помощи в области здравоохранения (CISAS) в Никарагуа, осуществили этот проект, финансируемый Европейским союзом. Проект был ориентирован на бенефициаров и непосредственных получателей помощи, женщин и мужчин с ВИЧ и СПИДом, а также их семьи, поставщиков и поставщиков услуг из общественных организаций и гражданского общества, а также чиновников и лиц, принимающих решения в области ВИЧ, СПИДа и насилия. Данный проект также был нацелен на поставщиков услуг, лиц, принимающих решения, и лидеров общественного мнения, людей с ВИЧ, молодых людей в процессе обучения, людей с особыми потребностями, как принадлежащих к группам верующих или людей с гендерным и сексуальным разнообразием.

Была разработана стратегия коммуникации и сформирована группа из 30 молодых людей в возрасте от 9 до 18 лет. Девушки и юноши прошли обучение в качестве ведущих промоутеров для своих сообществ через семинары, лагеря, игры и уличные театральные мероприятия.
Другая группа, которая является основополагающей для данного предложения, - это молодежь, которая наряду со взрослым населением участвовала в процессе информирования, обучения и формирования проекта.

4) "Содействовать профилактике ВБИ в 31 зоне вмешательства в 23 муниципалитетах Никарагуа с точки зрения поколений и прав человека".

Проект опирается на реальность, в которой находятся люди с ВИЧ и СПИДом, и их отношение к неравенству полов, поколений и прав человека, как показывают многочисленные исследования в этой области.Junta de Andalucia и Ayuda en Accion предоставляют финансовые ресурсы для

Разработка и реализация проекта, направленного на комплексный подход к профилактике ВИЧ в 23 муниципалитетах Никарагуа, путем изменения отношения к стигме, дискриминации и насилию в отношении людей с ВИЧ и СПИДом, осуществление проекта, работая в основном с мужчинами в рамках размышлений о профилактике
Вич и его связь с гендерным и поколенческим насилием. Кроме того, предлагается сделать акцент на теме вич и наблюдать за последствиями стигматизации, дискриминации и насилия, которые присутствуют на семинарах, рабочих играх и кинофорумах. Это была конвенция сотрудничества между "Аюдой в действии" и Центром информации и услуг по оказанию помощи в области здравоохранения (CISAS) в Никарагуа.

НЕДАВНИЙ ОПЫТ

1.7 Конкретные **цели и ожидаемые результаты:**

Цели: Способствовать улучшению качества жизни 50 молодых женщин и мужчин путем продвижения культуры мира, способствующей осуществлению прав человека и гендерной справедливости, что способствует снижению уровня насилия, особенно в городах Торреон, Матаморос в Коауиле, а также в Гомес Паласио и Сьюдад Лердо.

Повышение уровня участия и способности50 молодых мужчин и женщин принимать решения и вовлечение мужчин в предотвращение насилия, поощрение их лидерства для влияния на государственную политику, способствующую улучшению качества их жизни, повышение гражданской активности и участия в политической жизни и работе государственных учреждений.

Результаты: 1)Обучение 50 молодых женщин и мужчин стратегиям, планам адвокации, коммуникации, гендерным и маскулинным вопросам, активно участвующих в профилактике и адвокации по снижению насилия, улучшению качества жизни и участию в политической жизни 2)Содействие изменению отношения и поведения в отношении традиционных стереотипов мужественности и их связи с осуществлением насилия.

3) Укрепление институционального потенциала партнерских организаций, занимающихся продвижением и защитой прав человека женщин и молодых мужчин в области предотвращения насилия и качества жизни.

1.8 Теоретическая основа

В рамках своих политик по защите детей и участию в жизни общества "Коллектив новых мужчин" определил различные меры, в том числе:

- Обеспечение того, чтобы дети и подростки знали свои права и активную роль, которую они могут играть в защите детей.
- Предоставление девочкам и мальчикам возможности регулярно высказывать свои опасения, чтобы любые вопросы защиты были услышаны и решены.
- Предоставление детям и подросткам возможности играть более активную роль в собственном развитии, защите и участии в принятии решений.
- Содействие участию детей и подростков в решении всех вопросов, затрагивающих их жизнь.

Методологическое содержание основывается на вере в социальные изменения через образование, поэтому наиболее эффективным методом для сообщества является *феминистская педагогика* наряду с *неформальным и народным образованием*. Феминистская педагогика фокусируется на властных отношениях, иерархии и угнетении в глобальном насилии над женщинами, народное образование фокусируется на личном опыте, рефлексии, конфронтации и действиях по изменению событий, способствует самоменеджменту, вне официальной системы образования.
Социальный конструктивизм как методологический инструмент, позволяющий учитывать изучение повседневной жизни, ее возможную деконструкцию и ресигнификацию для придания жизни иного смысла, и *маскулинность* как оперативный инструмент анализа реальности.

С точки зрения системы убеждений, передающихся от поколения к поколению, социальное конструирование гендерной и сексуальной идентичности мужчин и женщин отличается, и это отличие ставит женщин и девочек в невыгодное положение по сравнению с мальчиками и мужчинами, в плане доступа к ресурсам и возможности принимать решения.

Стандарты и социально предопределенные роли мужчин и женщин сделали незаметным участие женщин в жизни развивающихся стран. Широко распространена дискриминация за сам факт рождения женщиной. Эта дискриминация также усугубляется для молодых девушек и юношей, для которых стигма, дискриминация и насилие мешают качеству жизни и развитию способностей.

Проблема неравенства между мужчинами и женщинами и нарушения их прав рассматривалась различными международными организациями в разных контекстах.

Вот некоторые конвенции и договоры, которые определяют действия, направленные на обеспечение равенства и ненасилия в отношении женщин и на благо уязвимых групп населения.

В рамках концепции справедливого развития, изложенной в Докладе о мировом развитии (World Development Report, World Bank, 2006), определены женщины, независимо от регионов, как "попавшие в ловушку" неравенства и имеющие ограниченный доступ к благам развития. Для достижения решения, позволяющего выбраться из этих ловушек, должны существовать экономические и правовые системы с одинаковыми возможностями для всех людей, независимо от расы, пола, вероисповедания или места рождения.

Насилие в отношении женщин является фактором, препятствующим развитию стран в целом и их самих в частности Конвенция о ликвидации всех форм дискриминации в отношении женщин (CEDAW) Организации Объединенных Наций обеспечивает справедливую нормативную базу, соответствующую международному праву и уважающую основные права женщин, включая право на жизнь, свободную от насилия (Tijerino 2008).

Международная конференция по народонаселению и развитию (МКНР), состоявшаяся в Каире, Египет, в 1994 году, в своей Программе действий упоминает два связанных с вопросами равенства раздела IV, посвященных равенству и гендерному равноправию и расширению прав и возможностей женщин, и раздел VII, посвященный репродуктивным правам и репродуктивному здоровью (WOMEN, 2009).

Декларация тысячелетия ООН, подписанная мировыми лидерами в сентябре 2000 года, представляет собой обязательство международного сообщества бороться с бедностью, голодом, болезнями, неграмотностью, деградацией окружающей среды и дискриминацией в отношении женщин.

В международных договорах и конвенциях, которые подписали и ратифицировали разные страны в области развития, в рекомендациях подчеркивается вовлечение молодых людей и мужчин в качестве активных участников этих процессов.

В рекомендациях Декларации Рио-де-Жанейро, предложенных на Глобальном симпозиуме "Вовлечение мужчин и мальчиков в обеспечение гендерного равенства" в 2009 году в Рио-де-Жанейро, Бразилия, утверждается, что многие мужчины страдают из-за того, что в нашем мире не только мужская власть означает власть, осуществляемую мужчинами над женщинами, но и господство одних групп мужчин над другими мужчинами. Слишком много мужчин и слишком много женщин живут в крайней нищете, подвергаются деградации и вынуждены работать в опасных и бесчеловечных условиях. Многие мужчины носят глубокие шрамы от попыток соответствовать невозможным требованиям мужественности и комфорта, подвергаясь страшному риску, насилию, саморазрушению, употреблению алкоголя или наркотиков. Многие мужчины подвергаются стигматизации и наказанию только за то, что любят, хотят или занимаются сексом с другими мужчинами.

Более 1200 активистов/профессионалов из 94 стран мира с самыми разными организационными традициями встретились на Втором симпозиуме MenEngage в Нью-Дели, Индия, 2014 год.

Охват мальчиков на протяжении всех критических лет их обучения будет способствовать

создание нового поколения мужчин с более позитивным поведением по отношению к женщинам, детям, мужчинам и трансгендерам. Очень важно повышать осведомленность детей с раннего детства и продолжать вовлекать подростков, готовя их к тому, чтобы они стали гендерно чувствительными и сострадательными.

Права детей

Конвенция о правах ребенка (1989) впервые признает, что ребенок имеет право выражать свое мнение, быть услышанным, объединяться. Признает ребенка субъектом с полными правами, с правами и обязанностями. С помощью Центра досуга и других досуговых пространств вы можете способствовать развитию *"активистской"* роли мальчиков и девочек и поощрять их участие в жизни общества, чтобы они могли выражать свои идеи и мнения по вопросам, которые их затрагивают, например: участвовать в проектировании игровых пространств в городе, спортивных сооружений, культурных изменений в городе, выдвигать претензии к соседским проектам, проектам для соседей и т.д.

Конвенция Организации Объединенных Наций о правах ребенка

Согласно МПГПП, дети всех возрастов имеют право участвовать в решении любого касающегося их вопроса и учитывать свое мнение. Дети являются гражданами с момента своего рождения, однако зачастую с ними обращаются так, будто они менее значимы, чем взрослые, и их мнение не имеет большого значения. Взрослые, естественно, обладают большей властью, чем дети. То, как они используют эту власть или делятся ею, может помочь или помешать детям реализовать свой потенциал активных граждан. Детям и взрослым нужна поддержка, чтобы научиться решать эти проблемы, чтобы они могли уважать друг друга и сотрудничать друг с другом.

1.9 Методология

Методология расширения прав и возможностей, используемая для девочек и мальчиков, была направлена на разработку и управление *"пространствами, дружелюбными к детям" и стратегий участия детей,* сосредоточенных на мерах безопасности на местах и разработке действий, направленных на снижение насилия, затрагивающего детей и подростков из-за их статуса уязвимых групп, таких как исключенные из системы образования, жертвы семейного и межпоколенческого насилия.

Информация для этой статьи была взята из различных документов, составляющих некоторые процессы систематизации коллективного опыта New Men ofLa Laguna, таких как видео, воспоминания о семинарах и лагерях. Изначально мы работали с дочерьми и сыновьями женщин и мужчин, посещающих программы по уходу за больными насилием, в последние три года призыв к детям 7-16 лет расширился до молодежи 17-25 лет независимо от их характеристик и

индивидуальной и семейной истории. Из этих групп молодых людей была отобрана группа из 50 человек, чьи характеристики лидерства в своей семье, школе, сообществе или группе сверстников, благодаря их напористости в своих действиях и установках, а также инициативности, генерированию социального и символического капитала и самоотрицанию лидера. Эта группа информирует и обучает в течение четырех лет, проводя полевые мероприятия, такие как лагеря, семинары и встречи с тематическим содержанием по правам человека, гендеру и мужественности, сексуальному и репродуктивному здоровью, предотвращению насилия, гендерной справедливости, качеству жизни и т.д.

Старшие молодые люди также были подготовлены в качестве наставников для младших, после того как старшие покидают группу по различным причинам и интересам, несовершеннолетние продолжают осуществлять лидерство в межличностных отношениях, в школе, в своей семье и в сообществе, где они живут. Обязательством этой ключевой группы является умножение обучения, знаний и навыков со своими парами, способность к более активному участию в принятии решений.

ГЛАВА 2

Модели работы с девочками, мальчиками, молодежью и мужчинами.

2.1 Работа с девочками и мальчиками

Молодые лидеры прошли подготовку в качестве промоутеров и общественных пропагандистов. Они были наставниками для детей младшего возраста

Методология "от ребенка к ребенку" в дружественных детям пространствах и участие детей - это способ, которым дети в настоящее время работают, завоевывая пространство посреди общества взрослых. Это способ признания ведущего характера, то есть стимулирования и продвижения организации детей, чтобы справиться с проблемами здоровья, образования, отсутствия безопасности и дискриминации, чтобы они могли продвигать и защищать свои права.

Эти методики работают с акцентом на Alegremia (радость, циркулирующая в крови), она возникает, чтобы поделиться с сельскими женщинами на севере Аргентины, а затем и другими сценариями, говорит о действительно основных жизненных потребностях; воздух, вода, пища, кров, любовь, искусство, обучение (Aire, Agua, Alimento, Habitacion, Amor, Arte, Aprendizaje) - это "А" из начальных букв испанских слов, чтобы объединить нашу жизнь с космосом (Centro de Capacitacion Estudio y Difusion Nino a Nino, Cuenca, Ecuador).

Методология "от ребенка к ребенку

В отсутствие взрослых в доме или в обществе по разным причинам, таким как стихийные бедствия, циклоны, ураганы, военные ситуации, конфликты, политическое и экономическое насилие, преступность, бедность или миграция, детям приходится сталкиваться с обязанностями взрослых.

Руководства по деятельности "От ребенка к ребенку" были разработаны для того, чтобы помочь детям узнать, как улучшить здоровье других детей, их семей и их общин. Затронутые темы имеют важное значение для здоровья и безопасности общества, а также учитывают возраст, интересы и опыт детей. Девушки и юноши получили возможность зарабатывать на жизнь в процессе обучения, включающего следующие уровни работы.

- *Определение проблемы*. Дети определяют, какие проблемы их беспокоят,
- *Распознают проблему* и то, как она их затрагивает, и поэтому подходят к работе и предлагают решения.
- *Изучение проблемы*. Дети и подростки хорошо анализируют все аспекты проблемы, изучают, откуда и почему они возникают, и все, что на них влияет; каковы симптомы и последствия.
- *Планирование проблемы*. Они определяют себя и то, какие действия они могут предпринять для борьбы с проблемой, разрабатывают профилактические и корректирующие меры, стараясь находить решения вместе, вовлекая в деятельность других детей, их семьи и общество.
- *Процесс оценки*. Дети и подростки работают над функционированием своих процессов; постоянно оценивают проделанную работу, чтобы знать свои сильные и слабые стороны и ставить задачу ее постоянного улучшения, развивая свое критическое отношение к окружающей действительности и желание ее преобразовать.

Девочки и подростки на ранних этапах участия в Кемпинге

Мальчики и девочки становятся людьми, которые предлагают действия для решения проблем, не просто наблюдателями и жертвами, а действующими лицами, которые сотрудничают в улучшении собственного здоровья, безопасности и окружающей среды.

Это новое отношение к девочкам и мальчикам отражается тремя способами:

• От ребенка к ребенку. Он делится своими знаниями и сотрудничает со своими братьями и другими детьми в общине.

• От ребенка к семье. Они работают вместе в семье и способствуют распространению знаний для решения проблем и принятия решений по борьбе с ними.

• От ребенка к сообществу. Поскольку ребенок принимается в общественную организацию, это позволяет распространять его знания в рамках одного и того же общения и влияния с властями, соседями и одноклассниками.

Участие детей
Участие - это возможность для детей выражать свое мнение, влиять на принятие решений и добиваться изменений.
Для того чтобы молодые люди могли выражать свое мнение по вопросам, которые их затрагивают (Статья 12), им нужна информация (Статья 17), и они должны иметь возможность собираться вместе с другими людьми для обсуждения проблем (Статья 15). Без свободы выражения мнений и свободы мысли (Статьи 13 и 14), Конвенция ООН о правах ребенка (UNCRC).

Детский тренинг по социальному конструированию идентичности (Никарагуа, 2010-2012)

Детский тренинг по участию и лидерству (Мексика, 2010-2012)

Участие детей расширяет их возможности:

• Дети развивают сильные навыки общения.
• Они обретают чувство достижения и веру в собственную способность изменить жизнь к лучшему.
• Дети, которые привыкли выражать свое мнение, могут более открыто заявлять о жестоком обращении или эксплуатации.
• Они получают политические и социальные знания и осознают свои права и обязанности.
• Участие ребенка в жизни общества ведет к осуществлению других прав.
• Дети учатся быть активными и ответственными гражданами.
• Совместная работа помогает развивать позитивные отношения между детьми и взрослыми; она способствует формированию положительного имиджа детей в их сообществах, среди специалистов и сверстников.
• Наличие значимой роли в проекте создает возможности для личностного развития детей, которые часто оказываются в изоляции.
• Вовлечение детей в нашу работу позволяет защитить их от вреда и не дать им остаться незамеченными при обсуждении планов, формировании политики, разработке услуг или принятии решений, которые влияют на их жизнь.
• Дети наделены полномочиями требовать от ответственных лиц отчета, чтобы взрослые думали и вели себя так, чтобы уважать детей и детство.

2.2 Работа с молодежью

Тренинг для молодых людей по гендерному лидерству и справедливости

Для того чтобы эти молодые люди могли стать проводниками перемен и развития в Мексике и, в частности, в регионе Ла-Лагуна, необходимо обязательно проводить обучение и тренинги молодежи по выявлению и изменению факторов риска и защиты, необходимых для предотвращения городского насилия, с которым сегодня сталкиваются люди, в том числе и молодежь.

Работа с молодежью формально началась с проекта, посвященного интернализованному сексизму, присутствующему в схематических убеждениях мужчин и женщин, скрытых сексистских учебных программах и обусловленности мужчин или угнетения мужчин.

A first initial phase was conducted during the months of October, November and December 2006, young people 16 to 20 years and staff of organizations working with young people in the Region (Coahuila-Durango).

Тренинг "Деконструкция сексизма в молодежной среде

После непосредственного опыта, полученного в Торреоне, штат Коауила, за последние десять лет, с целью прекращения насилия по отношению к своим женам, мы обнаружили необходимость поиска альтернатив для предотвращения, определения подсказок, которые могли бы интегрировать этот труд, гендер, стереотипы, роли, социальную обусловленность, сексизм. В качестве исследуемой группы населения в исследование вошли 119 юношей и девушек и 120 человек из организаций, работающих с молодежью.

Это включение было через письмо-приглашение к организациям, которые имеют New Men рабочих отношений, первоначально предполагалось включить в проект молодежи, которая находится за пределами формальной системы образования, по причинам времени только молодые люди, посещающие школы были включены и университеты, используя сотрудничество учителей и учителей распределения звонка. В настоящее время группы ищут от 40 до 50 молодых людей, чьи лидерские качества в их семье, школе, сообществе или группе сверстников в отпуске за его напористость в своих действиях и установках, но и быть проактивным, генерируя социальный и символический капитал и самовыражение лидера (Гарсия 2008).

Лудопедагогика

Лудопедагогика была вдохновлена практиками народного образования в Латинской Америке и стала рабочим направлением Центра исследований и обучения в области отдыха, игр и лагерей "Манча" из Уругвая.

От игры к социальным обязательствам и принятию решений среди молодежи

Игра - это свободно выбранная деятельность, которая дает разрешение преступить внутренние и внешние стандарты жизни; синергетическое удовлетворение человеческих потребностей, охватывающее индивидуальное и коллективное измерение и оказывающее влияние на социальное, культурное и политическое.

Одной из основных осей педагогического подхода мы считаем концепцию развития в масштабах человечества... Такое развитие концентрировано и в удовлетворении базовых потребностей человека, в создании все более высоких уровней самодостаточности и сопряжения человека с природой и технологиями.
Процессы с местным поведением, от личного до планирования, автономия и гражданские отношения с государством.

Модель "Степени вовлеченности" Трезедера

Модель Трезедера использует пять степеней участия, которые следует рассматривать как "различные, но равные формы хорошей практики". Не существует иерархии участия; тип участия зависит от желания детей, контекста, стадий развития детей, характера организации и т. д.

Назначен, но информирован
Взрослые принимают решение о проекте, а дети участвуют в нем добровольно. Дети понимают суть проекта, знают, кто и почему решил их привлечь. Взрослые уважают мнение детей.
Совместные решения с детьми по инициативе взрослых

Взрослые выдвигают первоначальную идею, но дети участвуют в каждом этапе планирования и реализации. Мнения детей учитываются, и они участвуют в принятии решений.

Проконсультированы и проинформированы

Проект разрабатывается и осуществляется взрослыми, но с детьми советуются. Они полностью понимают происходящие процессы, и их мнение принимается всерьез.

По инициативе и под руководством ребенка

Дети вынашивают первоначальную идею и решают, как будет осуществляться проект.

Взрослые доступны, но не берут на себя ответственность.

Инициатива ребенка, совместные решения со взрослыми

У детей появляются идеи, они создают проекты и обращаются к взрослым за советом, обсуждением и поддержкой. Взрослые не направляют, а предлагают свой опыт, который молодые люди могут рассмотреть (P .TRESEDER 1997).

2.3 Модель вмешательства с участием мужчин.

Команда Коллектива новых людей Ла-Лагуны

Первоначальной моделью была программа вмешательства "Мужчины отказываются от насилия" (Programa de Hombres Renunciando a Su Violencia (PHRSV)). Colectivo por Relaciones Igualitarias (CORIAC), с тремя уровнями работы, 6 еженедельных сессий по 2 часа каждая с соответствующими целями.

В настоящее время к этой модели присоединился еще один уровень работы, Учебный центр по искоренению домашнего насилия над мужчинами (CECEVIM) Сан-Франциско, Калифорния, программа включает в себя три образовательных курса по 2 часа в неделю.

Мужчины из группы "Маскулинность" на семинаре "Отцовство после насилия".

О КАКИХ МУЖЧИНАХ ИДЕТ РЕЧЬ?

Мужчины, участвующие в наших группах, отличаются следующими особенностями:

- Большинству из них за 30, нескольким - за 40-50, а еще нескольким - за 16-20.

Мужчины и молодые люди из групп "Маскулинность и внимание к насилию" из New Men's Collective

Как правило, среднего класса, с какой-либо профессией, вслед за мужчинами с какой-либо профессией; в разных случаях. Они приезжают с проблемами трудоустройства (неполная занятость или безработица). В основном это городские мужчины, женатые, разошедшиеся или находящиеся в процессе развода, некоторые являются родителями наполовину, в одиночку. Они навещают своих детей, приходят к ним на выходные, но не живут с ними. Они представлены с глубокой болью, связанной с разрывом с партнерами, но особенно в поисках поддержки в отношении аффективного восстановления своих дочерей и сыновей. Они обычно приходят в позиции "жертвы" с чувствами, во многих случаях не идентифицируемыми ими самими. Обида, гнев, вина, одиночество, печаль, бессилие, среди прочего, мужчины приходят с просьбой о "помощи" для восстановления своей семьи, но едва ли слышат просьбу о помощи для восстановления себя, они не осознают, какое влияние насилие оказало на их жизнь или на жизнь людей, которые их окружают. Они не разделяют гнев или злость на свое агрессивное поведение, а тем более не выявляют необходимость использовать механизмы контроля и власти, чтобы навязать другим свой образ мышления, впадая в злоупотребление властью в своих отношениях. Очень часто можно услышать, как они обвиняют других в ситуации, которую они пересекают, особенно они обвиняют своего партнера. Пока длится наше пребывание на группе, у многих мужчин развивается позитивная идентичность, то есть связность эмоциональная, отстраненность и солидарность. Они позволяют себе играть, быть более открытыми, расслабленными и любящими, а также прислушиваться к остальным.

Поиск новых способов сосуществования с детьми, которые были молчаливыми свидетелями насилия в своих домах, поиск альтернатив, позволяющих положить конец жестокому обращению и насилию по отношению к матерям этих детей и поддержать его в совместной работе с ними.

Коллективу Новых Людей потребовалось несколько лет, чтобы принять решение о работе с детским населением, в 2005 и 2006 годах были проведены первые семинары с детьми мужчин, которые посещали

Программы "Насилие и мужественность", о которых те же мужчины просили как о необходимости, - это семинары "Быть эффективным отцом после насилия" (Paternar Despues de la Violencia), предназначенные для мужчин, которые находятся в процессе изменения жестокого поведения и насилия, чтобы найти новые способы жизни с детьми, ставшими свидетелями насилия в их домах, и найти альтернативы, чтобы положить конец этим злоупотреблениям и насилию по отношению к матерям и их сыновьям, а затем поддержать их, взяв на себя ответственность.

Эти семинары послужили основой для усиления работы с молодежью, в конце 2006 года были выделены государственные финансовые средства, полученные от Программы "Жизнь без насилия", на реализацию проекта по предотвращению насилия среди молодежи "Разрушение сексизма между молодыми людьми: Альтернатива для предотвращения гендерного насилия".

Некоторые мужчины из Группы маскулинности Коллектива новых мужчин Ла-Лагуны, участвующие в качестве наставников и тренеров в проекте по укреплению лидерства среди детей и молодежи.

ГЛАВА 3

Процесс, результаты и выводы по итогам опыта.

3.1 Процесс

Исходя из того, что данное предложение по укреплению лидерства девочек, мальчиков и молодых людей представляет собой сборник опыта за длительный период времени (20092013), необходимо рассмотреть различные процессы: Процессы *культуры, структуры, практики* и *анализа.*

Культура

Несмотря на то, что Ла-Лагуна отличается высоким уровнем социальной активности, случаи преступлений и насилия в стране и в Ла-Лагуне в частности породили атмосферу напряженности, страха, недоверия и незащищенности. Однако общественные организации, с которыми "Коллектив новых мужчин" сотрудничает с момента своего создания, решили разделить и поддержать это предложение: "Живые женщины" (MujeresVivas), работающие с женщинами, страдающими от жестокого обращения и домашнего насилия, Центр интеграции молодежи (Centro de Integracion Juvenil) по профилактике наркозависимости, два приюта для женщин и их детей, переживших крайнее насилие, молодые группы из университета Коауилы и группы сексуального разнообразия.

3.2 Целевые группы

Работа с детьми началась в 2004 году с серии семинаров по аффективному отцовству (Paternar despues de la Violencia) для мужчин, посещающих группы размышлений в коллективе "Новые мужчины".
Молодежь официально начала проект, посвященный интернализованному сексизму, присутствующему в схеме мужских и женских убеждений, скрытой сексистской учебной программе и обусловленному маскулинному или угнетению мужчин. Первый начальный этап был проведен в течение октября, ноября и декабря 2006 года с участием молодых людей в возрасте от 16 до 20 лет и сотрудников организаций, работающих с молодежью в Ла-Лагуне. Изначально мы работали с дочерьми и сыновьями женщин и мужчин, посещающих программы по уходу за детьми "Насилие", а в последние три года обращаемся к детям, детям от 7 до 16 и от17 до 25 лет, независимо от их особенностей, индивидуального и семейного окружения.
На тот момент в качестве объекта исследования мы включили 119 молодых людей обоих полов и 120 представителей организаций, работающих с

молодежью.

3 Организации гражданского общества из каждого из четырех городов, Торреон и Матаморос в Коауиле и Гомес Паласио и Лердо в Дуранго, правозащитники, поставщики услуг для молодежи и ответные меры против насилия.

200 учащихся школ и университетов и 200 молодых людей из трущоб в выбранных полигонах, наиболее подверженных насилию и преступности, которые будут проинформированы в рамках кампании по коммуникации и адвокации с целью предотвращения насилия и снижения дискриминации по возрасту, полу, социальному статусу и т.д.

Из этих молодежных групп была отобрана группа из 50 молодых женщин и мужчин в возрасте от 12 до 18 лет, чьи лидерские качества в семье, школе, сообществе или группе сверстников обусловлены их напористостью в своих действиях и установках, а также проактивностью, генераторами социального капитала, символичностью и саморазвитием.

Конструкции

Разработка семинаров и одновременная деятельность, предусмотренная При планировании и проведении учитывался возраст детей и молодежи, названия мастерских обозначают тематические оси, затронутые в последующем.

I .- "Социальное конструирование женской и мужской идентичности"
II .- "Стигма и насилие по гендерным причинам как факторы уязвимости людей в конфликтных и постконфликтных ситуациях".
III "Гендер и маскулинность как факторы, определяющие справедливое предоставление услуг населению".
IV .- "Участие в руководстве девушек, юношей и молодых людей"
V .- "Выявление предложений и партнерских отношений с институтами и НПО, чтобы включить полученные знания в свои профилактические программы по борьбе с гендерным насилием".

Одновременно проводились такие мероприятия, как: Встречи, Лагеря, Кинофорумы, Досуг, Театр, Кампании, Эфемериды, Ярмарки.

В планировании мероприятий и обучении принимали участие техническая группа из "Коллектива новых мужчин", руководители и поставщики услуг из государственных и общественных организаций.

3.3 Стратегия

Практика

Пространства, доброжелательные к ребенку, как стратегия предоставления комплексных услуг по защите и образованию детей в условиях конфликта.

Отцы и матери, а также школьная администрация письменно дают разрешение на участие своих дочерей и сыновей в этих учебных программах.

Согласие родителей/опекунов: Если ребенок будет физически присутствовать на мероприятии, его родители/опекуны должны заполнить форму родительского согласия. Вы также должны предоставить родителям/опекунам устный или письменный инструктаж о мероприятии, чтобы они могли принять осознанное решение о том, хотят ли они, чтобы их ребенок принимал участие.

Согласие детей: Вы должны предоставить детям возможность дать согласие на участие в мероприятии или программе. Это согласие может быть устным или письменным. Убедитесь, что вы предоставили детям как можно больше информации о том, что они будут делать.

Целью создания "Пространств, дружелюбных к детям" (CFS) была поддержка потребностей в развитии и обучении 400 мальчиков и девочек (0-18 лет) посредством комплексной защиты,

психосоциальные и образовательные услуги. Во всех помещениях были созданы базовые условия для водоснабжения и санитарии, а пропаганда гигиены была включена в учебную программу CFS.

Степень участия детей и подростков оценивалась в зависимости от их возрастной категории.

Основные мероприятия включали:

• Развлекательные, обучающие и психосоциальные мероприятия, включая местные игры для детей (618 лет), проводимые под руководством местных координаторов;

• Занятия по развитию жизненных навыков для детей и подростков старшего возраста (12-18 лет);

• Информационные занятия о том, как предотвратить злоупотребления и насилие, а также о рисках, связанных с защитой, включая образование на всю жизнь.

• Родительские сессии для воспитателей девочек и мальчиков (6-11 лет)

• Выявление и направление к специалистам и/или оказание прямой поддержки детям, находящимся в группе риска, в том числе пережившим насилие, жестокое обращение и эксплуатацию;

• Выявление и подключение уязвимых подростков, таких как девочки-подростки, подверженные риску ранних браков, к удовлетворению основных потребностей и получению средств к существованию.

В "пространствах, доброжелательных к детям" дети могли общаться со своими сверстниками вне дома и получать прямую психосоциальную поддержку.

Когда фасилитаторы "Новых людей" выявляли проблему защиты детей, их направляли в местные НПО для получения соответствующей специализированной поддержки и ведения дел. С помощью пространства CFS подростки, особенно девочки, подверженные риску ранних браков, и дети, пострадавшие от наркоторговли, были определены и приоритезированы для получения доступа к предметам первой необходимости, психосоциальной поддержки и жизненных навыков.

Стратегия участия включает два типа методологии: Методология обучения с использованием методологии "от ребенка к ребенку", методологии сверстников и лудопедагогики и методология оценки с применением модели "Степени вовлеченности" Трэзера.

Что такое *участие детей*?

Участие - это возможность для детей выражать свое мнение, влиять на принятие решений и добиваться изменений.

Существует множество различных подходов к вовлечению детей в свою работу. Время и энергия, которые дети затрачивают на конкретную деятельность, и то, что они получают в результате своего участия, будут зависеть от выбранного вами подхода, а также от других факторов, таких как имеющиеся ресурсы. Например, разовое консультационное мероприятие ограничено по времени, и участие детей будет относительно пассивным. Долгосрочный проект, в рамках которого дети разрабатывают мероприятия и сотрудничают со взрослыми в течение нескольких месяцев, требует больше времени, энергии и инвестиций с их стороны.

Кроме того, у них больше шансов приобрести новые навыки и добиться позитивных перемен. Однако уровень вовлеченности детей также зависит от того, насколько хорошо вы организуете этот процесс. Мы применили здесь одну модель, которую многие считают удобной и актуальной.

Модель "Степени вовлеченности" Трезедера

Модель Трезедера использует пять степеней участия, которые следует рассматривать как "различные, но равные формы хорошей практики". Не существует иерархии участия; тип участия зависит от желания детей, контекста, стадий развития детей, характера организации и т. д.

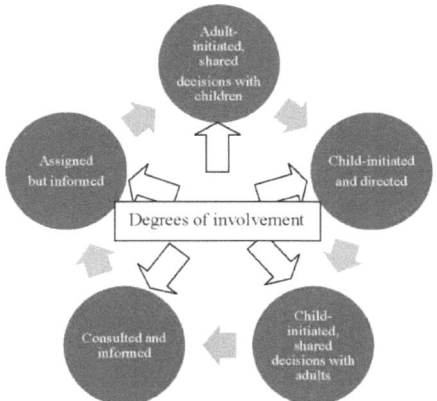

P Treseder, *Empowering children & young people: promoting involvement in decision-making*

Назначен, но информирован

Взрослые принимают решение о проектах, а дети участвуют в них на добровольных началах. Дети понимали суть проектов, знали, кто и почему решил их привлечь. Взрослые уважали мнение детей.

Совместные решения с детьми по инициативе взрослых

Первоначальная идея принадлежала взрослым, но дети принимали участие в каждом этапе планирования и реализации. Мнения детей учитывались, и они участвовали в принятии решений.

Проконсультированы и проинформированы

Проекты разрабатывались и осуществлялись взрослыми, но с детьми проводились консультации. Они полностью понимали суть процессов, и их мнение принималось всерьез ***По инициативе и под руководством детей*** Дети придумали и решили, как будут реализовываться проекты. Взрослые были доступны, но не брали за это плату.

Инициатива ребенка, совместные решения со взрослыми

У детей возникали идеи, они создавали проекты и обращались к взрослым за советом, обсуждением и поддержкой. Взрослые не руководили, а предлагали молодым людям свой опыт.

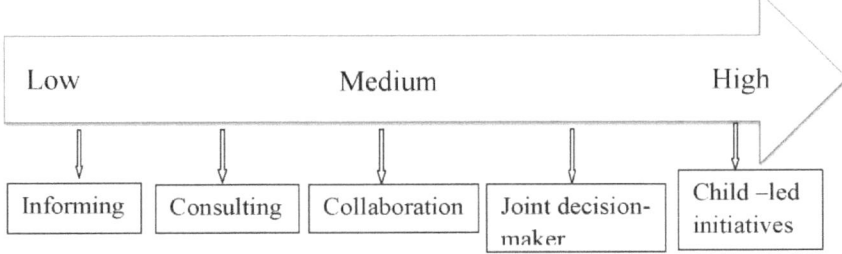

Низкий уровень вовлеченности

* Дети были пассивными
* Взрослые берут на себя инициативу
* Взрослые разрабатывают и устанавливают параметры деятельности

43

• Детям было предложено принять участие в проекте, разработанном взрослыми
• Дети были проинформированы и проконсультированы
• Ограниченная по времени или разовая деятельность
• Взрослые обладали большей частью власти
• Взрослые были готовы выслушать и принять к сведению мнение детей

Средний и высокий уровень вовлеченности
• Дети были активными действующими лицами
• Дети сотрудничали со взрослыми
• Совместное принятие решений взрослыми и детьми
• Взрослые и дети уважали друг друга как равные участники процесса.
• Дети участвовали в проектной деятельности
• Дети помогали или проводили мероприятия
• Участие детей привело к изменениям
• Дети приобрели новые навыки
• Иногда (не всегда) долгосрочная деятельность
• Дети брали на себя инициативу и просили взрослых о поддержке, когда это было необходимо

Дети могут не захотеть присоединиться к какому-то занятию, или у вас может не быть времени или возможностей для такой работы. Однако мы знаем, что когда детям предоставляется возможность взять на себя инициативу, сотрудничать со взрослыми и принимать совместные решения, они получают наибольшую пользу в плане повышения уверенности, навыков, знаний и чувства достижения. Взрослые тоже могут многое почерпнуть из такой работы.

Уровень участия детей и подростков был постепенным и зависел от контекста, наличия времени и поддержки родителей.
Целевая группа из 50 девушек, юношей и молодых людей была выбрана на среднем и высоком уровнях.

Обзор

Анализ - это способ зафиксировать, как дети и молодые люди активно участвовали в проекте и, что еще важнее, как участие помогло изменить их поведение или улучшить работу социальных служб. Процессы мониторинга и оценки участия 50 детей и молодых людей позволили "Коллективу новых людей" систематизировать опыт, выявить опыт успеха и подтвердить изменения в жизни девочек, мальчиков и молодых людей, которые участвовали в процессе информирования, обучения.

В 2007 году им пришлось столкнуться с новыми структурными и системными изменениями в стране, городским насилием, преступностью и деятельностью, связанной с системой наркоторговли, эта ситуация влияет на индивидуальные процессы мужчин, посещающих программы в нашем регионе, она отражается в отсеве, семейном насилии, беспорядках, неуверенности, безработице, недоверии и т.д. Социальная дистанция между группами и социальная дезорганизация становятся все более очевидными, пространство становится питательной средой для новых видов насилия, таких как организованная преступность (Park 2007).

Если раньше домашнее насилие и насилие в отношении женщин было незаметным, то теперь средства массовой информации уделяют больше внимания этим проявлениям насилия.

В соответствии с этими сценариями в 2008 году была усилена коллективная работа с мужчинами, Men New restructuring, программами, в том числе детскими и молодежными, с привлечением рекреационных методик, основанных на народном образовании и социокультурных теориях.

На протяжении всей игры изучались различные виды лидерства среди групп детей, выявлялись их собственные и другие качества. Внимательное наблюдение важно со стороны фасилитатора, наставника или юных участников.

Места живого общения восстанавливаются после периода насилия и преступности. Общественная повестка дня города Торреон включает в себя восстановление и реставрацию улиц, парков и центров сосуществования, мест, которые были заброшены из-за страха и отсутствия безопасности, вызванных наркоторговлей.

3.4 Обучение достигнуто

1, Уделять приоритетное внимание потребностям, интересам молодежных групп и развивать их потенциал. Толерантность" помогает изменить отношение и поведение молодых людей.

2, Условия сосуществования и доверия, сложившиеся между молодежью и взрослыми бенефициарами (поколенческий аспект) в процессе обучения, стали ключевым фактором в их стремлении к совершенствованию, что дало им возможность выплеснуть и направить желания, потребности, проблемы, разочарования, стремления и альтернативы, необходимые в начале трансформации факторов неравенства и гендерных различий.

3, Всестороннее, открытое, отзывчивое отношение взрослых, сопровождавших развитие проекта, в качестве педагогов, организаторов семинаров, а также участия и вовлечения молодежи, было очень важным аспектом, который может создать инклюзивные и устойчивые процессы развития взаимного роста поколений. Взрослые сознательно ограничивают свою власть и пытаются преодолеть преобладающий в этих обществах взрослый центризм, чтобы освободить место для развертывания собственных исследовательских возможностей и молодежи.

4, Есть значительный опыт в том, чтобы увидеть, что межведомственные инициативы New Men и обмен опытом, а также унификация критериев и языка с организациями по обслуживанию и молодежи, позволяя им большую последовательность и способность работать вместе беспрепятственно по профилактике насилия и равноправных отношений.

Объединение усилий для облегчения решения проблем, - возможность работы в команде для решения проблем, возникающих в связи с насилием в городах,

5, Последовательность методологической концепции и ее систематическое развитие, безусловно, являются фактором, ценным опытом, который можно сортировать, учиться на нем и повышать его потенциальную воспроизводимость, учитывая особенности каждой социальной сцены в этом разнообразии контекстов и населения, где реализуется этот проект, Он может изменить реальность, чтобы через игры (лудо-педагогика),

6, Включение молодых женщин и мужчин из конкретного опыта участия молодежи дает возможности для развития факторов успеха, в которых наращивание потенциала стоит на первом месте, как организация и мобилизация молодых людей, молодежное лидерство, видение и целеустремленные действия в интересах социальных преобразований. Дестигматизация, лежащая в основе усилий по широкому включению, является основой работы с молодежными секторами, и что стигма и дискриминация являются одними из самых значительных препятствий для устойчивой, глубокой и трансформационной работы, необходимой для развития нашего региона,

7, Что касается устойчивости, то она, по-видимому, в значительной степени зависит от более высокого уровня управления ресурсами женщинами и молодыми людьми, а также от способности этих инициатив работать и добиваться конкретных результатов в своей институциональной и организационной деятельности,
Обучение, полученное в ходе тренингов, позволило женщинам определить свое собственное пространство и способность принимать решения,

8, Опыт достиг определенного уровня институционального и организационного развития, например, формирование групп детей и молодежи, ориентированных на профилактику конкретных проблем, способствующих улучшению качества жизни, взаимодействие с чиновниками и государственными служащими, укрепление лидерства и организационного потенциала,

9, Гендерный подход и практика лидерства девочек, мальчиков и молодых людей - хорошая стратегия для расширения прав и возможностей,

10, В условиях конфликта важно определить местоположение и стратегию реализации программы "Пространство, доброжелательное к ребенку" на ранних этапах реагирования, учитывая физическую безопасность и доступность, социальную доступность, местную ответственность, вовлечение наиболее маргинализированных детей и доступность других услуг,

11, Комплексный подход к защите детей, психосоциальным и образовательным мероприятиям в "Пространствах, дружественных к детям" стал успешной стратегией, позволяющей избежать длительных перерывов в обучении и обеспечить учащимся дополнительную поддержку в период кризиса,

3.5 Выводы

Взрослые, такие как поставщики услуг, определили в качестве основных направлений обучения, государственные и частные организации, учитывающие гендерный подход к потребностям девушек и женщин, влияние стигмы и дискриминации на девушек, юношей и молодых людей только по их возрасту и гендерным условиям, недооценку их способностей к участию в вопросах, которые их касаются и затрагивают, эффективность методов обучения, основанных на игре и кино - форумах. Они считают важным организованное участие молодежи в досуговых мероприятиях и в кинофоруме, что послужило мотивацией для распространения на другие общественные организации или гражданское общество.

Молодые люди, как свидетельствуют ключевые выводы, обладают более высоким организационным потенциалом и способностью к участию, инструментами социальных сетей, гендерной справедливостью, недискриминацией уязвимых групп населения.

Опыт местных "Новых людей" в работе с молодыми людьми в регионе Ла-Лагуна был выдвинут в качестве альтернативы для уменьшения разрушительных последствий насилия, к отчаянию семей, видящих, как все больше и больше молодых людей вовлекаются в систему насилия и преступности, связанную с торговлей наркотиками, наркотиками, транспортными средствами, людьми, оружием, которые используются в иерархии власти-властителей, начиная от детей-молодых, называемых "ястребами" "zetillas" до "primos", "bads".

Многие молодые люди, ранее принадлежавшие к маргинальным сообществам, объединялись в группы, банды, которые, несомненно, имели совершенно иную групповую иерархию, отличавшуюся и преступной деятельностью. Теперь этих банд больше не существует, многие их лидеры исчезли или были убиты, а те, кто остался в живых, попали в сети организованной преступности, занимаясь различными видами незаконной деятельности.

По-разному, девочки в этой цепочке насилия играют более унизительную роль в иерархии мужчин, как "мулы" (наркоторговцы), отвечают за детей, следят за ними.

Сферы возможностей для молодых людей как проводников перемен и развития в регионе испытывают большой дефицит, инициативы этих молодых людей обычно не рассматриваются взрослыми, а в этой уязвимой группе, девушках и женщинах, они испытывают серьезный недостаток, связанный с вопросами пола и гендера. В таком патриархальном обществе, как наше, существует "множество" гегемонистских сил, где молодым людям нет места в принятии решений; быть молодым в нашей стране - это повод для "подозрений", "неопытность", "необязательность", "незрелость", превращающаяся в ритуал перехода, когда они становятся мужчинами или женщинами.

Если исходить из того, что участие молодежи может стать толчком к социальным, политическим или экономическим изменениям. Тогда в регионе Ла-Лагуна, на фоне сложного сценария урбанизации, глобализации и развития, молодежь также сталкивается с социальным, политическим и экономическим насилием, изобилующим факторами риска, требующими сложной защиты.

Ситуация с безопасностью вызывала постоянную озабоченность, поскольку обстановка оставалась нестабильной. Учитывая эту ситуацию, сотрудники New Men не всегда могли выезжать на места реализации проекта, что делало местное руководство и ответственность еще более важными. Местные власти и супервайзеры New Men отвечали за постоянную оценку уровня безопасности в местах, где созданы благоприятные для детей условия. При повышении риска деятельность приостанавливалась. Одной из наиболее серьезных операционных проблем является нестабильная ситуация с безопасностью, в которой работает New Men. В большинстве районов, где осуществляется программа, негосударственные вооруженные субъекты и военные группировки все еще действуют, и инциденты в сфере безопасности не являются редкостью. Мы предполагаем, что насилие - это выученное поведение, и оно конструируется из усвоения асимметрии в гендерных отношениях и понимания этой асимметрии как результата гендерной иерархии.

Мы считаем, что одним из способов борьбы с насильственным поведением является построение эгалитарных схем мышления и уважение сверстниками прав человека, в том числе прав молодых людей, в первую очередь девушек и женщин. Эти принципы включены в ключевую Повестку дня в области развития на период после 2015 года:

Система наркоторговли и преступности в Мексике отличается подвижностью, несколько штатов охвачены насилием, граничащие с Дуранго и Коауилой штаты Тамаулипас, Нуэво-Леон, Сакатекас и Чиуауа сильно пострадали от насилия, в нашем регионе несколько групп требуют от местных, государственных и федеральных властей справедливости в отношении своих родственников, пропавших без вести в результате насилия.

В настоящее время в Торреоне насчитывается более 568 общественных мест для свободного передвижения. Эти общественные места являются одной из основных инфраструктур города, которые позволяют взаимодействовать между людьми, посещающими их.

В связи с реализацией в Торреоне программы "Города и общественные пространства, безопасные для женщин и девочек", осуществляемой ООН Женщины, необходимо проанализировать, как общественные пространства созданы для здорового сосуществования, где женщины и девочки имеют доступ к свободным от насилия местам.(Ana Falu & Olga Segovia 2007) Общественное пространство - это общее место, где граждане взаимодействуют, где формируется и выражается культура сообщества; это улицы, площади, парки, спортивные площадки, а также рынки, театры, правительственные здания, кинотеатры, места развлечений и отдыха.

Но в городе также существуют частные пространства ограниченного общественного использования, эти пространства расположены в районах с более высоким социально-экономическим уровнем; укрытые в закрытых корпусах, оставляющие только для свободного движения эксклюзивную дорожную сеть, которая соединяет доступы к этим частным пространствам, превращая эту сеть в небезопасное место, поскольку она не имеет адекватного дизайна, который позволяет гражданам интегрироваться в пространство и различные формы мобильности.

Программа "ООН-Женщины" рекомендует при проектировании и планировании общественных пространств использовать методы, способствующие укреплению гендерного равенства, такие как: Достаточная видимость вокруг территории, некоторые игровые зоны находятся рядом с соседними домами, что позволяет осуществлять социальный контроль, четкая пространственная планировка всего парка и игровых зон.

Также рекомендуется оборудовать в городах многофункциональные игровые зоны, то есть специальные зоны для занятий, предпочитаемых девочками, таких как волейбол, например. Эти действия должны быть оценены как подходящие для включения в планирование и дизайн общественных пространств городов, наряду с эффективной комплексной государственной политикой, программами безопасности, кампаниями, пропагандирующими доносительство, уважение прав женщин и девочек, чтобы помочь укрепить социальные и культурные связи между людьми. (Муниципальный институт планирования и конкурентоспособности Торреона (IMPLAN) 2013-2017 гг.

Достижение мира и безопасности
". Защищать права женщин и молодых людей на свободу от насилия, включая сексуальное и гендерное насилие, для достижения мира и безопасности и защиты репродуктивных прав. Защищать наиболее уязвимые группы населения в условиях конфликтов и чрезвычайных ситуаций природного характера..." (UNFPA, 2015)

Библиография

БРИСЕНО-ЛЕОН, Р. (2002). VIOLENCIA, SOCIEDAD Y JUSTICIA EN AMERICA LATINA. Buenos Aires:CLACSO ISBN 950-9231-81-9.

CARRION, M. F. (2008 v.34 n.103). Violencia Urbana: un asunto de ciudad. EURE (Сантьяго).

Censo de Poblaciony Vivienda (2010). Perfil sociodemografico : Estados Unidos Mexicanos : Censo de Poblacion y Vivienda 2010 / Instituto Nacional Estadistica y Geografia.-- Mexico : INEGI, c2013.

Центр исследований Мексики Аванса и Фонд содействия, развития и поддержки женщин, А.С. Диагностика сексуального насилия в отношении женщин в муниципалитетах Гомес-Паласио и Лердо, Дуранго, 2014 г.

Centro de Capacitacion Estudio y Difusion Nino a Nino, Cuenca, Ecuador. Esperanza, Alegremia y Salud de los Ecosistemas, Metodologia Nino a Nino, Guia para Facilitadores,

Конвенция о правах ребенка -1990 г.
http://www.ohchr.org/Documents/ProfessionalInterest/crc.pdf

ДЕЛИЙСКАЯ ДЕКЛАРАЦИЯ И ПРИЗЫВ К ДЕЙСТВИЮ: 2-й Глобальный симпозиум MenEngage 2014 "Мужчины и мальчики за гендерную справедливость" 10-13 ноября 2014 | India Habitat Centre | New Delhi

Защита прав человека детей и подростков в Коауиле, 2014-2017 гг.

ФАЛУ, А. (2009). MUJERES EN LA CIUDAD. De violencias y derechos. Сантьяго-де-Чили: Red Mujer y Habitat de America Latina - Ediciones SUR.

FALU Ana & Olga Segovia, CIUDADES PARA CONVIVIR: SIN VIOLENCIAS HACIA LAS MUJERES -**Debates** para la construccion de propuestas -Ediciones SUR, 2007 J. M. Infante 85, Providencia, Santiago de Chile

corporacionsur@sitiosur.cl - www.sitiosur.cl

ГАРСИЯ, А. (2008) DECONSTRUYENDO EL SEXISMO ENTRE LOS JOVENES:
Альтернатива для предотвращения насилия над поколениями. Colectivo de Hombres Nuevos de la Laguna, Torreon, Coahuila. Мексика www.astalo45.wordpress.com

ГАРСИА, А. (2007) Un Lugar en donde los hombres son aceptados. Коллектив новых мужчин Ла-Лагуны, Торреон, штат Коауила,

Мексика. www.astalo45.wordpress.com

Муниципальный институт планирования и конкуренции Торреона (IMPLAN) Organo tecnico responsable de la planeacion del desarrollo del municipio de Torreon, Coahuila, Mexico. http://www.trcimplan.gob.mx/blog/espacios-publicos-seguros-para- muj eres-y-ninas. html

LONDONO, J. L. y R. GUERRERO, "Violencia en America Latina. Эпидемиология и затраты", Ред. по офису главного экономиста, Межамериканский банк развития (BID), Вашингтон, 1999 г.

Мозер, К. Окружающая среда и урбанизация, том 16, номер 2, октябрь 2004 г.

ПАРК, Р.Э. Концепция социальной дистанции в применении к изучению расовой принадлежности
Отношения и расовые отношения. Проект Мид 2007

Plan International (2017) *Child Friendly Spaces Providing child protection and education in conflict settings: a case study from Timbuktu, Mali.* Великобритания:

Plan International.

Полли Райт, Клэр Тернер, Дэниел Клэй и Хелен Миллс. Участие детей и молодых людей в развитии социальной помощи. ПРАКТИЧЕСКОЕ РУКОВОДСТВО ПО УЧАСТИЮ 06
Программа защиты и гарантии прав человека детей и подростков и Система государственных гарантий -2017

Программа по борьбе с дискриминацией. Коауила-де-Сарагоса 2014 2017

СЕЙДЛЕР, ДЖ. (2007). ГОРОДСКИЕ СТРАХИ И ГЛОБАЛЬНЫЕ УЖАСЫ. Гражданство, мультикультура и *принадлежность после 7/7*. Лондон и Нью-Йорк : Routledge, Taylor and Francis Group Library.

SERRATO, M.L. Ninos, Ninas y Jovenes en Riesgo. Entre politicas de reclutamiento de los grupos armados y estrategias de prevencion y resistencia de las comunidades Bogota, Colombia, 2011

TIJERINO, "La Funcion del Marco Juridico en la Promocion de la Equidad de Genero" Serie: Cuadernos de Genero para Nicaragua # 5, 2008,

ПРЕОБРАЗУЯ НАШ МИР: ПОВЕСТКА ДНЯ 2030 ДЛЯ УСТОЙЧИВОГО РАЗВИТИЕ (2015)
https://www.un.org/pga/wpcontent/uploads/sites/3/2015/08/12081 5_outco me-document-of-Summit-for-adoption-of-the-post-2015-development- agenda.pdf

P .TRESEDER, *Empowering children & young people: promoting involvement in decision-making*, Save the Children, 1997.

VILALTA, P.C.J. El Miedo al Crimen en Mexico: Estructura Logica, Bases Empiricas y Recomendaciones Iniciales de Politica Publica. VOL UMEN XIX . NUM. 1. I Semestre de 2010

VILALTA, C.J. Los determinantes de la percepcion de inseguridad frente al delito en Mexico, Banco Interamericano de Desarrollo, 2012.

GERMAN Marino S. y Lola Cendales G. Educacion No Formal y Educacion Popular Hacia una pedagogia del dialogo cultural Federacion Internacional deFey Alegria desde el ano 2001. Каракас 2004 http://www.feyalegria.org/images/acrobat/EducNoF ormalEducPopular_4834.pdf

Printed by Books on Demand GmbH, Norderstedt / Germany